ESSAIS D'ENREGISTREMENT

—— :o: ——

DES TRANSMISSIONS

ENTRE-VIFS, A TITRE ONÉREUX,

DE PROPRIÉTÉ, D'USUFRUIT OU DE JOUISSANCE

DE BIENS IMMEUBLES

ET DE PROPRIÉTÉ

DE FONDS DE COMMERCE OU DE CLIENTÈLES

au point de vue de l'impôt de l'ENREGISTREMENT

—— •o• ——

PRIX : 1 FRANC

ALGER

IMPRIMERIE FRANCK & SOLAL

RUE BRUCE, 12 BIS

1893

ESSAIS D'ENREGISTREMENT

— :o: —

DES TRANSMISSIONS

ENTRE-VIFS, A TITRE ONÉREUX,

DE PROPRIÉTÉ, D'USUFRUIT OU DE JOUISSANCE

DE BIENS IMMEUBLES

ET DE PROPRIÉTÉ

DE FONDS DE COMMERCE OU DE CLIENTÈLES

au point de vue de l'impôt de l'ENREGISTREMENT

— •o• —

PRIX : 1 FRANC

ALGER

—

IMPRIMERIE FRANCK & SOLAL

RUE BRUCE, 12 BIS

—

1893

ESSAIS D'ENREGISTREMENT

DES TRANSMISSIONS

ENTRE-VIFS, A TITRE ONÉREUX,

DE PROPRIÉTÉ, D'USUFRUIT OU DE JOUISSANCE

DE BIENS IMMEUBLES

ET DE PROPRIÉTÉ

DE FONDS DE COMMERCE OU DE CLIENTÈLES

*au point de vue de l'Impôt de l'***ENREGISTREMENT**

OBSERVATIONS PRÉLIMINAIRES

L'article 4 de la loi du 22 frimaire an VII a déclaré que les obligations, libérations, condamnations, collocations ou liquidations de sommes et valeurs, et toutes les *transmissions de propriété, d'usufruit ou de jouissance de biens* meubles et *immeubles,* soit *entre-vifs,* soit par décès, seraient assujetties au droit proportionnel d'enregistrement.

Ainsi que le porte le titre de cette petite brochure, nous ne nous occuperons ici que des transmissions *entre-vifs,* A TITRE ONÉREUX, de propriété, d'usufruit ou de jouissance de biens immeubles et de propriété de fonds de commerce ou de clientèles, laissant de côté les transmissions *entre-vifs,* A TITRE GRATUIT, qui doivent être constatées par actes notariés, *à peine de nullité.* (Art. 931 du Code Civil).

Principes généraux

1. — Il n'y a point de fraction de centime dans la perception du droit proportionnel ; lorsqu'une fraction de somme ne produit pas un centime de droit, le centime est perçu au profit de la République. (*Art. 5 de la loi du 22 frimaire an VII*).

2. — La perception du droit proportionnel suit les sommes et valeurs de vingt francs en vingt francs inclusivement et sans fraction ; ainsi, une vente faite moyennant un prix de 205 francs acquittera le même impôt qu'une vente faite moyennant le prix de 220 francs. (*Art. 2 de la loi du 27 ventôse an IX*).

3. — Il ne peut être perçu moins de vingt-cinq centimes pour l'enregistrement des actes et mutations dont les sommes et valeurs ne produiraient pas vingt-cinq centimes de droit proportionnel. (*Art. 3 de la loi du 27 ventôse an IX*).

Des délais pour l'enregistrement des actes et déclarations

4. — Les actes faits sous signatures privées qui portent transmission de propriété ou d'usufruit de biens immeubles, et les baux à ferme ou à loyer, sous-baux, cessions on subrogations de baux, et les engagements, aussi sous signatures privées, de biens de même nature, doivent être enregistrés dans les trois mois de leur date. (*Art. 22 de la loi du 22 frimaire an VII*).

5. — Ces dispositions sont applicables lors même que les nouveaux possesseurs prétendraient qu'il n'existe pas de conventions écrites entre eux et les précédents propriétaires ou usufruitiers. — A défaut d'actes, il y est suppléé par des déclarations détaillées et estimatives, dans les trois mois de l'entrée en possession. (*Art. 4 de la loi du 27 ventôse an IX*).

6. — Lorsqu'il n'existe pas de conventions écrites constatant une mutation de jouissance de biens immeubles, il y est suppléé par des déclarations détaillées et estimatives dans les trois mois de l'entrée en jouissance. (1) (*Art. 11 § 1 de la loi du 23 août 1871*).

7. — Ne sont pas assujetties à la déclaration les locations verbales ne dépassant pas trois ans et dont le prix annuel n'exède pas cent francs. — Toutefois, si le même bailleur a constaté plusieurs locations verbales de cette catégorie, mais dont le prix cumulé excède 100 francs annuellement, il sera tenu d'en faire la déclaration. (*Art. 11 § 5 de la loi du 23 août 1871*).

8. — Les actes sous signatures privées contenant mutation de propriété de fonds de commerce ou de clientèles doivent être enregistrés dans les trois mois de leur date. — A défaut d'acte constatant la mutation, il y est suppléé par des déclarations détaillées et estimatives dans les trois mois de l'en-trée en possession. (*Art. 8 §§ 1 et 2 de la loi du 28 février 1872*). (2)

9. — Dans les délais fixés par les articles précédents pour l'enregistrement des actes et des declarations, le jour de la date de l'acte ne compte pas. — Si le dernier jour du délai se trouve être un dimanche ou un jour de fête légale (3), ce jour-là ne compte pas non plus. (*Art. 25 de la loi du 22 frimaire an VII*).

10. — Outre les délais fixés pour l'enregistrement des actes ou déclarations, un délai d'un mois est accordé à l'ancien possesseur et au bailleur pour faire, dans un bureau d'enregistrement, le dépôt de

---

(1) L'impôt sur les locations verbales n'existe pas en Algérie (*art. 1 du décret du 22 avril 1879*).

(2) Il n'y a point de délai de rigueur pour l'enregistrement de tous autres actes que ceux mentionnés dans les numéros 4, 5, 6, 7 et 8, qui seront faits sous signatures privées, *mais il ne pourra en être fait aucun usage, soit par acte public, soit en justice, ou devant toute autre autorité constituée, qu'ils n'aient été préalablement enregistrés* (*art. 23 de la loi du 22 frimaire an VII*).

(3) Les jours de fête légale sont l'ASCENSION, l'ASSOMP-TION, la TOUSSAINT et NOEL (*arrêté des Consuls du 29 germinal an X*); le 1er JANVIER (*avis du Conseil d'Etat du 13 mars 1810*); le 14 JUILLET (*loi du 6 juillet 1882*); et les LUNDIS de PAQUES et de la PENTECOTE (*loi du 8 mars 1886*).

l'acte constatant la mutation, ou, à défaut d'acte, le
déclarations prescrites par l'article 4 de la loi du
27 ventôse an IX *(voir n° 5)*, par l'article 11 §1 de la
loi du 23 août 1871 *(voir n° 6)*, ou par l'article 8 § 2
de la loi du 28 février 1872 *(voir n° 8)* *(Articles 14
§ 3 de la loi du 23 août 1871, et 8 § 3 de celle du
28 février 1872*.

§ II. — *Des bureaux où les actes et mutations doivent être enregistrés ou déclarées*

11 — Les actes sous signatures privées peuvent
être enregistrés dans tous les bureaux indistinctement. (*Art. 26 de la loi du 22 frimaire an VII*), sous
les réserves suivantes :

12. — Lorsqu'il y a plusieurs bureaux d'enregistrement dans une même ville, les actes sous signatures privées doivent être présentés à la formalité au
bureau du receveur qui a l'enregistrement de ces
actes dans ses attributions, et, plus spécialement,
ceux contenant mutation de jouissance d'immeubles
doivent être enregistrés exclusivement au bureau
chargé de la tenue du répertoire général (1) (*Inst. gén.
n° 2452, du 4 juillet 1872*).

13. — Les déclarations des mutations de propriété ou d'usufruit de biens immeubles peuvent être
faites dans tous les bureaux indistinctement. (*Inst.
gén., n° 2651-67, du 20 juin 1881*).

14. — En règle générale, les déclarations de
locations verbales doivent être faites au bureau de
la situation des biens. — Dans les villes où il existe
plusieurs bureaux, la réception des déclarations de
locations verbales a lieu exclusivement au bureau
chargé de la tenue du répertoire général, c'est-à-dire
à celui qui a dans ses attributions la recette des droits
de mutations par décès. (*Inst. gén., n° 2452, du
4 juillet 1872*).

---

(1) Le bureau chargé de la tenue du répertoire général est,
— en France, — celui qui a dans ses attributions la recette
des droits de mutations par décès ; — en Algérie, celui qui
est chargé de l'enregistrement des actes civils.

15. — Dans les communes où il n'existe pas de bureau d'enregistrement, les déclarations de locations verbales sont reçues par les percepteurs des Contributions Directes. (*Inst. gén., n. 2418, du 18 septembre 1871*).

16. — Les déclarations de mutations verbales de propriété de fonds de commerce ou de clientèles doivent être faites au bureau de l'enregistrement de la situation du fonds de commerce ou de la clientèle. (*Art. 8 § 2 de la loi du 28 février 1872*).

§ III. — *Du paiement des droits et de ceux qui doivent les acquitter*

17. — Les droits des actes et des déclarations doivent être payés avant l'enregistrement. — Nul ne peut en atténuer ni différer le paiement, sous le prétexte de contestation sur la quotité, ni pour quelque autre motif que ce soit, sauf à se pourvoir en restitution, s'il y a lieu (1) (*Art. 28 de la loi du 22 frimaire an VII*).

18. — Les droits des actes sous signatures privées emportant translation de propriété, d'usufruit ou de jouissance de biens meubles ou immeubles doivent être acquittés par les parties (*art. 29 de la loi du 22 frimaire an VII*); ces droits doivent être supportés, lorsqu'il n'aura pas été stipulé de dispositions contraires dans les actes, par les nouveaux possesseurs ou preneurs. (*Art. 31 de la loi du 22 frimaire an VII*); il en est de même des droits dus sur les mutations faites verbalement.

19. — La déclaration prévue par l'article 11 § 1 de la loi du 23 août 1871 (*voir n· 6*) doit être faite par le bailleur qui est tenu du paiement des droits, sauf son recours contre le preneur; néanmoins, les parties restent solidaires pour le recouvrement du droit simple. (*Art. 6 de la loi du 28 février 1872*).

---

(1) Les demandes en restitution doivent être faites dans les deux ans à compter du jour de l'enregistrement (*art. 61 § 1 de la loi du 22 frimaire an VII*).

Toutefois, si le même bailleur a consenti plusieurs locations verbales ne dépassant par trois ans, dont le prix annuel de chacune n'excède pas 100 francs, mais dont le prix cumulé excède cette somme, il est seul redevable des droits d'enregistrement et sans recours (art. 11 § 5 de la loi du 23 août 1871).

§ IV. — Des peines pour défaut d'enregistrement des actes et de déclaration dans les délais

20. — A défaut d'enregistrement dans le délai de trois mois des actes sous signatures privées emportant mutation entre-vifs de propriété, d'usufruit ou de jouissance de biens immeubles, ou mutation de propriété de fonds de commerce ou de clientèles, ou de déclaration dans le même délai des mutations verbales entre-vifs de propriété ou d'usufruit de biens immeubles, et de propriété de fonds de commerce ou de clientèles, l'ancien et le nouveau possesseur, le bailleur et le preneur sont tenus personnellement et sans recours, nonobstant toute stipulation contraire, d'un droit en sus, lequel ne peut être inférieur à 50 francs. (*Art. 14 § 1 de la loi du 23 août 1871 et art.8 § 3 de la loi du 28 février 1872*) (1).

21. — L'ancien possesseur et le bailleur pouvait s'affranchir du droit en sus qui leur est personnellement imposé, ainsi que du versement immédiat des droits simples, en déposant dans un bureau d'enregistrement l'acte constatant la mutation, ou, à défaut d'acte, en faisant les déclarations prescrites par l'article 4 de la loi du 27 ventôse an IX (*voir n· 5*), par l'article 11 § 1 de la loi du 23 août 1871 (*voir n· 6*) et par l'article 8 § 2 de la loi du 28 février 1872 (*voir n· 8*), et ce, avant l'expiration du délai supplémentaire d'un mois qui leur est accordé par les deux derniers articles précités. (*Art. 14 § 2 de la loi du 23 août 1871, et art. 8 § 3 de la loi du 28 février 1872*).

____

(1) En matière d'échange, les droits en sus ne portent que sur le droit d'enregistrement de 2 p. % et non sur celui de transcription de 1 fr. 50 p. %. (*Solutions du 15 décembre 1876 et du 11 janvier 1877, 20244 J.-E.* : — Voir la note du n· 45-5 ci-après).

22. — A défaut de déclaration dans le même délai de trois mois d'une mutation verbale de jouissance de biens immeubles, le bailleur est tenu personnellement et sans recours d'un droit en sus, lequel ne peut être inférieur à 50 francs. (*Art.* 14 § 1 *de la loi du* 23 *août* 1871 *et art.* 6 *de la loi du* 28 *février* 1872.

§ V. — *Des peines portées relativement aux insuffisances, aux dissimulations et aux contre-lettres. — De l'expertise*

23. — Si le prix énoncé dans un acte translatif de propriété ou d'usufruit de biens immeubles, à titre onéreux, ou dans une déclaration de mutation verbale de biens de même nature, parait inférieur à leur valeur vénale à l'époque de l'aliénation, par comparaison avec les fonds voisins de même nature, la Régie peut requérir une expertise, pourvu qu'elle en fasse la demande dans l'année, à compter du jour de l'enregistrement du contrat ou de la déclaration. (*Art.* 17 *de la loi du* 22 *frimaire an VII*).

24. — L'insuffisance du prix de vente d'un fonds de commerce ou de clientèles peut également être constatée par expertise dans les trois mois de l'enregistrement de l'acte ou de la déclaration de la mutation. (*Art.* 8 § 4 *de la loi du* 28 *février* 1872).

25. — En cas de déclaration insuffisante en matière de déclaration de mutation verbale de jouissance de biens immeubles, il y a également lieu à requérir l'expertise lorsque l'insuffisance dans l'évaluation ne peut être établie par actes susceptibles de faire connaître le véritable revenu des biens. (*Art.* 11 § 3 *de la loi du* 23 *août* 1871).

26. — La demande en expertise dans le cas de l'article ci-dessus, n° 25, doit être faite dans le délai de deux ans à compter du jour de l'enregistrement de la déclaration. (*Art.* 61 n° 1 *de la loi du* 22 *frimaire an VII*).

27. — Cette demande, dans tous les cas prévus ci-dessus (*voir* n° 23 *à* 26) sera faite au tribunal civil de l'arrondissement dans l'étendue duquel les

biens sont situés par une pétition portant nomination
de l'expert de l'État. — L'expertise sera ordonnée
dans les dix jours de la demande. — En cas de refus
par la partie de nommer son expert, sur la somma-
tion qui lui aura été faite d'y satisfaire dans les trois
jours, il lui en sera nommé un d'office par le tribunal. — Les experts, en cas de partage, appelleront
un tiers-expert ; s'ils ne peuvent en convenir, le
juge de paix du canton de la situation des biens y
pourvoiera. — Le procès-verbal d'expertise sera rapporté, au plus tard, dans le mois qui suivra la remise
qui aura été faite aux experts de l'ordonnance du
tribunal, ou dans le mois après l'appel du tiers-
expert. (*Art.* 18 *de la loi du* 22 *frimaire an VII*).

28. — Lorsqu'il y aura lieu à l'expertise de biens
immeubles situés dans le ressort de plusieurs tribunaux, la demande en sera portée au Tribunal de
première instance dans le ressort duquel se trouve
le chef-lieu de l'exploitation, ou, à défaut de chef-
lieu, la partie des biens qui présente le plus grand
revenu, d'après la matrice du rôle. — Ce même
tribunal ordonnera l'expertise partout où elle sera
jugée nécessaire, à la charge néanmoins de nommer
pour experts des individus domiciliés dans le ressort
des tribunaux de la situation des biens ; et il prépon-
cera sur leur rapport. — Les experts seront renvoyés
pour la prestation de serment, devant le juge de
paix du canton où les biens sont situés. (*Art.* 1 *de
la loi du* 15 *novembre* 1808).

29. — Lorsqu'il y a lieu à expertise et que le prix
exprimé ou la valeur déclarée n'excède pas 2,000
francs, cette expertise sera faite par un seul expert
nommé par toutes les parties, ou, en cas de désaccord
par le Président du Tribunal civil et sur simple
requête. (*Art.* 15 *de la loi du* 23 *août* 1871*)*.

30. — Les frais de l'expertise seront à la charge
de la partie, s'il s'agit d'une transmission entre-vifs,
d'immeubles, de fonds de commerce ou de clientèles,
opérée à titre onéreux, mais seulement lorsque l'estimation excédera d'un huitième au moins le prix
énoncé au contrat ou dans la déclaration. *(Art.* 18 § 6
de la loi du 22 *frimaire an VII, et art.* 8 § 5 *de celle
du* 28 *février* 1872*)*.

31. — Dans le cas d'insuffisance reconnue par expertise dans un échange, ou dans une mutation de jouissance de biens immeubles, les contrevenants payeront toujours les frais de l'expertise, quelle que soit la plus-value constatée. *(Art* 39 *de la loi du* 22 *frimaire an* VII *et art.* 11 § 3 *de celle du* 23 *août* 1871).

32. — La partie sera tenue, dans tous les cas, d'acquitter le droit sur le supplément d'estimation, s'il y a plus-value constatée par le rapport des experts. *(Art.* 18 § 7 *de la loi du* 22 *frimaire an* VII*)*.

33. — Dans tous les cas où les frais de l'expertise tomberont à la charge du redevable, il y aura lieu au double droit d'enregistrement sur le supplément d'estimation *'Art.* 5 *de la loi du* 25 *ventôse an* IX).

34. — Toute dissimulation dans le prix d'une vente d'immeubles, de fonds de commerce ou de clientèle, et dans la soulte d'un échange et d'un partage sera punie d'une amende égale au quart de la somme dissimulée, et payée solidairement par les parties, sauf à la répartir entre elles par égale part (*Art.* 12 *de la loi du* 23 *août* 1871).

35. — La dissimulation peut être établie par tous les genres de preuves admises par le droit commun. Toutefois, l'administration ne peut déférer le serment décisoire, et elle ne peut user de la preuve testimoniale que pendant dix ans, à partir de l'enregistrement de l'acte.- L'exploit d'ajournement est donné, soit devant le juge du domicile de l'un des défenseurs, soit devant celui de la situation des biens, au choix de l'administration. La cause est portée, suivant l'importance de la réclamation, devant la justice de paix ou devant le tribunal civil. — Elle est instruite et jugée comme en matière sommaire ; elle est sujette à appel, s'il y a lieu. Le ministère des avoués n'est pas obligatoire ; mais les parties qui n'auraient pas constitué avoué ou qui ne seraient pas domiciliées dans le lieu où siège la justice de paix ou le tribunal, seront tenues d'y faire élection de domicile, à défaut de quoi toutes significations seront valablement faite au greffe. (*Art.* 13 *de la loi du* 23 *août* 1871).

36. — Toute contre-lettre faite sous signatures privées, qui aurait pour objet une augmentation de prix stipulé, dans un acte public, ou dans un acte sous signatures privées précédemment enregistré, ne peut avoir son effet qu'entre les parties contractantes ; elle n'a point d'effet contre les tiers (*art.* 1321 *du Code civil*). — Néanmoins, lorsque l'existence en sera constatée, il y aura lieu d'exiger, à titre d'amende, une somme triple du droit qui aurait eu lieu, sur les sommes et valeurs ainsi stipulées (*art. 40 de la loi du 22 frimaire an VII*), mais tout autant que l'article 12 de la loi du 23 août 1871 n'est pas applicable. (Voir n° 34).

§ *VI. — Des valeurs sur lesquelles le droit proportionnel est assis.*

37. — La valeur de la propriété des fonds de commerce ou de clientèles transmis entre-vifs à titre onéreux est déterminée pour la liquidation et le payement du droit proportionnel *par le prix de la vente de l'achalandage, de la cession du droit au bail et des objets mobiliers au autres, servant à l'exploitation du fonds, à la seule exception des marchandises neuves garnissant le fonds.* (Art. 7 de la loi du 28 février 1872).

38. — La valeur de la propriété, de l'usufruit et de la jouissance des biens immeubles transmis entre-vifs à titre onéreux, est déterminée pour la liquidation et le payement du droit porportionnel, ainsi qu'il suit, savoir :

1° Pour les baux à ferme ou à loyer, les sousbaux, cessions, rétrocessions et subrogations de baux, *par le prix annuel exprimé, en y ajoutant les charges imposées au preneur.* — Si le bail est stipulé payable en nature, il en sera fait une évaluation d'après les dernières mercuriales du canton de la situation des biens, à la date de l'acte, à l'appui duquel il sera rapporté un extrait certifié des mercuriales. — Il en sera de même des baux à portion de fruits, pour la part revenant au bailleur, dont la quotité sera préalablement déclarée, et sur la valeur de laquelle le droit d'enregistrement sera perçu. — S'il s'agit d'objets dont la valeur ne puisse être constatée par les mercuriales, les parties en feront une déclaration estimative ;

2° Pour les baux à rentes perpétuelles, et ceux dont la durée est illimitée, *par un capital formé de vingt fois ou de vingt-cinq fois, suivant qu'il s'agit d'immeubles urbains ou d'immeubles ruraux, la rente ou le prix annuel, et les charges aussi annuelles en y ajoutant également les autres charges en capital, et les deniers d'entrée s'il en est stipulé.* — Les objets en nature s'évaluent comme ci-dessus ;

3° Pour les baux à vie, sans distinction de ceux faits sur une ou plusieurs têtes, *par un capital formé de dix fois ou de douze fois et demie, suivant qu'il s'agit d'immeubles urbains ou d'immeubles ruraux, le prix et les charges annuels, en y ajoutant de même le montant des deniers d'entrée et des autres charges, s'il s'en trouve d'exprimés.* — Les objets en nature s'évaluent pareillement comme il est prescrit ci-dessus ;

4° Pour les échanges, *par une évaluation qui doit être faite en capital, d'après le revenu annuel multiplié par vingt s'il s'agit d'immeubles urbains et par vingt-cinq s'il s'agit d'immeubles ruraux, sans distraction des charges* (1) ;

5° Pour les engagements, *par les prix et sommes pour lesquels ils sont faits ;*

6° Pour les ventes, cessions, rétrocessions, licitations et tous autres actes portant translation de propriété ou d'usufruit, à titre onéreux, *par le prix exprimé, en y ajoutant toutes les charges en capital, ou par une estimation d'experts, dans le cas autorisé par l'article 17 de la loi du 22 frimaire an VII (voir n° 23).* — Si l'usufruit est réservé par le vendeur, il sera évalué à la moitié de tout ce qui forme le prix du contrat, et le droit sera perçu sur le total ; mais il ne sera dû aucun autre droit pour la réunion de l'usufruit à la propriété ; cependant, si elle s'opère

---

(1). Si l'un des immeubles est loué, il faut, pour obtenir le revenu, ajouter au prix du bail les contributions et les *charges* imposées au locataire .*(Arrêt Cassation du 16 avril 1847).*

par un acte de cession, et que le prix soit supérieur
à l'évaluation qui en aura été faite pour régler le
droit de la translation de propriété, il est dû un droit
par supplément, sur ce qui se trouve excéder cette
évaluation. Dans le cas contraire, l'acte de cession
est enregistré pour le droit fixe. (*Art. 15 de la loi
du* 22 *frimaire an VII et article* 2 *de celle du* 21 *juin*
1875.)

39. — Si les sommes et valeurs ne sont déter-
minées dans un acte donnant lieu au droit proportionnel, les parties seront tenues d'y suppléer, avant
l'enregistrement, par une déclaration estimative,
certifiée et signée au pied de l'acte. (*Art. 16 de la
loi du* 22 *février au* 6.)

40. — Lorsqu'un acte translatif de propriété ou
d'usufruit comprend des meubles et immeubles, le
droit d'enregistrement est perçu sur la totalité du
prix au taux réglé pour les immeubles, à moins qu'il
ne soit stipulé un prix particulier pour les objets
mobiliers, et qu'ils ne soient désignés et estimés,
article par article, dans le contrat. (*Art. 9 de la loi
du* 22 *frimaire, an VII.*)

41. — Dans le cas de mutation á titre onéreux,
d'un fonds de commerce ou de clientèle comprenant
des marchandises neuves, le droit d'enregistrement
est perçu sur la totalité du prix, au taux réglé pour
les fonds de commerce ou de clientèle, à moins qu'il
ne soit stipulé un prix particulier pour les marchandises, et qu'elles ne soient désignées et estimées,
article par article, dans le contrat ou dans la
déclaration. (*Art. 7 de la loi du* 28 *février* 1872.)

§ VII — Preuves des mutations

42. — La mutation d'un immeuble en propriété
ou usufruit sera suffisamment établie, pour la
demande du droit d'enregistrement et la poursuite
du payement contre le nouveau possesseur, soit par
l'inscription de son nom au rôle de la contribution
foncière, et des payements par lui faits d'après ce
rôle, soit par des baux par lui passés, ou enfin par

des transactions ou autres actes constatant sa propriété ou son usufruit. *(Art.* 12 *de la loi du* 22 *frimaire an VII).*

43. — La jouissance à titre de ferme, ou de location, ou d'engagement d'un immeuble, sera suffisamment établie, pour la demande et la poursuite du payement des droits de baux ou engagements non enregistrés, par les actes qui le feront connaître, ou par des payements de contributions imposées aux fermiers, locataires et détenteurs temporaires. *(Art. 13 de la loi du* 22 *frimaire an VII).*

44. — La mutation de propriété, d'un fonds de commerce ou de clientèle sera suffisamment établie, pour la demande et la poursuite des droits d'enregistrement et des amendes, par les actes ou écrits qui révèlent l'existence de la mutation ou qui sont destinés à la vente publique, ainsi que par l'inscription au rôle des contributions du nom du nouveau possesseur, et des payements faits en vertu de ces rôles, sauf preuve contraire. *(Art. 9 de la loi du* 28 *février* 1872).

§ VIII. — Des tarifs d'enregistrement. —
Des décimes

45 (1). — 1° Mutation de propriété de fonds de commerce ou de clientèles, sur le prix de la vente de l'achalandage, de la cession du droit au bail et des objets mobiliers ou autres, servant à l'exploitation du fonds, ainsi que des marchandises neuves à moins qu'il ne soit stipulé pour elles un prix particulier et qu'elles ne soient désignées et estimées, article par article..................... 2 » p. 100

Sur les marchandises neuves dans le cas où il a été stipulé pour elles un prix particulier et où elles ont été désignées et estimées, article par article *(Art. 7 de la loi du* 28 *février* 1872).......... 0.50 p. 100

(1) Les tarifs qui figurent sous cet article sont réduits de moitié en Algérie *(ordonnance du 19 octobre — 16 novembre 1841).*

2° Adjudications, ventes, reventes, cessions, rétrocessions et généralement toutes transmissions autres que celles ci-après, de propriété ou d'usufruit de biens immeubles. *(Art. 5ᵉ de la loi du 28 avril 1816* .... 5.50 p. 100

3° Ventes antérieures à la loi du 28 avril 1816. *(Art. 69 § 7 n· 4 de la loi du 22 frimaire an VII)* .... 4 » p. 100

4. Licitations et soultes de partages(1) entre cohéritiers et copropriétaires de biens immeubles.

    a. — Lorsqu'il n'y a pas lieu à transcription *art. 69 § 7 n· 4 de la loi du 22 frimaire an VII)* .... 4 » p. 100

    b. — Lorsqu'il y a lieu à transcription *sur la portion acquise (même article)* .... 4 » p. 100

    sur la totalité du prix (art. 54 de la loi du 28 avril 1816) 1.50 p. 100

5· Echanges ordinaires, *sur l'une des parts (art. 4 de la loi du 21 juin 1875)* (2) 3.50 p. 100

6· Echanges d'immeubles ruraux situés dans la même commune ou dans

---

(1) Il convient de remarquer que, d'une manière générale, les actes de partage sous signatures privées ne sont pas assujettis à l'enregistrement dans un délai déterminé et que leur enregistrement ne devient obligatoire, conformément à l'article 23 de la loi du 22 frimaire an VII *(voir note 2 du n· 8)*, que s'il en est fait usage, soit par acte public, soit en justice, ou devant toute autre autorité constituée, *mais à la condition, toutefois, que le partage soit effectué sans soulte ni plus-value.* Si un partage sous signatures privées ou même purement verbal était fait avec soulte ou plus-value il serait astreint à l'enregistrement ou à la déclaration dans le délai de trois mois imposé par l'article 22 de la loi du 22 frimaire an VII et l'article 4 de la loi du 27 ventôse an IX à toutes les transmissions de biens immeubles, et donnerait lieu à la perception du droit de soulte sus-indiqué et d'un droit proportionnel de 0 fr. 15 p. 100 *(art. 19 de la loi du 28 avril 1893)* liquidé sur le montant de l'actif net partagé *(art. 1 n· 5 de la loi du 28 février 1872).*

(2) Ce droit est formé de la réunion du droit d'enregistrement fixé à 2 p. 100 par l'article 4 de la loi du 21 juin 1875 et du droit de transcription fixé à 1,50 p. 100 par l'article 51 de la loi du 28 avril 1816.

des communes limitrophes *(art. 1 § 1 de la loi du 23 novembre* 1884).......... 0.20 p. 100

7· Echanges d'immeubles ruraux lorsque l'un des immeubles échangés est contigu (1) aux propriétés de celui des échangistes qui le recevra, et dans le cas seulement où ces immeubles auront été acquis par les contractants par acte enregistré depuis plus de deux ans, ou recueillis à titre héréditaire. *(Art. 1 § 2 de la loi du 3 novembre* 1884). 0.20 p. 100
Le tarif réduit de 0,20 p. 100 ne sera toutefois appliqué aux échanges de ces deux catégories qu'autant que le contrat renfermera l'indication de la contenance, du numéro de la section, du lieu dit, de la classe, de la nature et du revenu du cadastre de chacun des immeubles échangés et qu'un extrait de la matrice cadastrale des dits biens, qui sera délivré gratuitement, soit par le Maire, soit par le Directeur des Contributions Directes, aura été déposé au bureau, lors de l'enregisrtement. *(Art. 2 de la loi du 3 novembre* 1884*)*.
Une décision du Ministre des Finances en date du 29 janvier 1885 porte que la délivrance gratuite des extraits par les Directeurs est subordonnée au dépôt d'une réquisition sur papier libre signée par les deux échangistes et dans

---

(1) Il y a lieu de considérer comme contigus des immeubles qui, sans être naturellement voisins les uns des autres, sont cependant considérés comme les parties d'un même héritage ; ainsi, deux terrains séparés par un chemin rural ou vicinal, par un ruisseau ou par toute autre voie n'empêchant pas la communauté d'exploitation des parcelles, sont réputés contigus dans le sens de la loi de 1884. Mais ce caractère n'appartiendrait pas à des immeubles séparés par un fleuve, par un chemin de fer ou par tout autre obstacle constituant une interruption réelle des communications entre les propriétés. *(Ins. gén., n· 2703, du 4 novembre* 1884).

laquelle ces derniers doivent déclarer avoir conclu définitivement l'échange et n'avoir plus qu'à en passer acte ; que cette réquisition sera communiquée immédiatement aux agents de l'enregistrement chargésd'en vérifier l'exactitude et qu'au cas où il serait constatéquel'extrait a été réclamé pour des biens autres que ceux désignés dans la loi du 3 novembre 1884, la rétribution due aux directeurs deviendrait exigible.

Ces règles étant applicables en ce qui touche la délivrance gratuite des extraits par les Maires, les Préfets ont été invités à adresser les instructions nécessaires aux autorités municipales.

8· Retours ou plus-values dans les échanges. *(Art. 52 de la loi du 28 avril 1816 et art. 3 de celle du 3 novembre 1884).* 5.50 p. 100

9· Baux écrits d'immeubles dont la durée est limitée. *(Art. 1 de la loi du 16 juin 1824)* .... 0.20 p. 100

10· Locations verbales d'immeubles dont la durée est limitée *(même article).* 0.20 p. 100

11· Baux à rentes perpétuelles de biens immeubles, baux à vie, ou dont la durée est illimitée *(art. 69 § 7 n· 2 de la loi du 22 frimaire an VII)*......... 4 » p. 100

12· Antichréses ou engagements d'immeubles *(art. 69 § 5 n· 5 de la loi du 22 frimaire an VII)* .... 2 » p. 100

46. — Tous les tarifs qui figurent sous le numéro précédent doivent être augmentés de deux décimes et demi, soit un quart du principal *(art. 1 de la loi du 6 prairial an VII*, établissement d'un décime ; — *art. 1 de la loi du 23 août* 1871, établissement d'un autre décime, et *article 2 de la loi du 30 décembre* 1873 établissement d'un demi décime). (1)

---

(1) Les perceptions faites en Algérie ne sont assujetties qu'à un seul décime établi par l'article 2 de la loi du 29 juillet 1882.

§ IX. — *Règles spéciales aux baux de plus de trois ans et aux Locations verbales faites suivant l'usage des lieux*

47. — Si un bail est fait pour plus de trois ans et si les parties le requièrent, le montant du droit pourra être fractionné en autant de payements égaux qu'il y aura de périodes triennales dans la durée du bail. — Le payement des droits afférents à la première période sera seule acquitté lors de l'enregistrement ou de la déclaration, et celui des périodes subséquents aura lieu dans le premier mois de l'année qui commencera chaque période. *(Art.* 11 § 6 *de la loi du* 23 *août* 1871*)*.

48. — Les baux faits pour trois, six ou neuf ans, au choix des parties, doivent au point de vue de l'enregistrement, être assimilés à ceux qui, ayant été convenus pour une durée fixe, supérieure à trois ans, ont été présentés à l'enregistrement avec demande de fonctionnement de la perception par périodes triennales, autrement dit les droits ne doivent être perçu *d'office* que sur la première période, sauf payement, dans le délai d'un mois fixé par l'art. 11 § 6 de la loi du 23 août 1871 *(voir n· 47)*, des droits applicables à chaque période subséquente *(art.* 11 § 7 *de la loi du* 23 *août* 1871. *— Inst. gén.,* n· 2515, *du* 12 *juin* 1874), à moins que les parties ne justifient de l'accomplissement de la clause résolutoire insérée dans le contrat.

49. — Si une location verbale est faite suivant l'usage des lieux, la déclaration en contiendra la mention ; les droits d'enregistrement deviendront exigibles dans les vingt jours qui suivront l'échéance de chaque terme, et la perception en sera continuée jusqu'à ce qu'il ait été déclaré que le bail a cessé ou qu'il a été résilié. *(Art.* 11, § 2 *de la loi du* 23 *août* 1871*)*.

§ X. — *Modèles d'Actes*

50. — *Vente d'Immeubles*

Entre les soussignés :
M. Charles-Antoine Giraud , propriétaire, à Grignan
(Drôme),
d'une part,

Et M. Jérôme-Georges Périnet, propriétaire, au même
lieu,
d'autre part,

Il a été convenu et arrêté ce qui suit :
M. Giraud, vend sous la garantie la plus absolue à laquelle il s'oblige, à M. Périnet, ici présent et acceptant.

Un terrain complanté en vigne, d'une contenance de deux hectares, vingt-quatre ares, cinquante centiares, situé à Grignan, n° 144, section A, du plan cadastral, avec une construction d'un simple rez-de-chaussée y édifiée ; le dit immeuble confrontant du levant, Madame veuve Dablot ; du nord et du couchant, M. Louis Martin, et du midi, un chemin de traverse, tel, au surplus, qu'il se trouve actuellement sans aucune réserve, l'acquéreur déclarant, le connaître parfaitement.

M. Giraud est propriétaire du terrain présentement vendu au moyen de la vente qui lui en a été faite par M. Claude Petit, propriétaire à Pierrelatte, aux termes d'un acte passé devant M⁰ Bund, notaire à Grignan, le 7 janvier 1888 ; ce contrat a été transcrit au bureau des hypothèques de Montélimar. le lendemain, vol. 741, n° 124, et M. Giraud a rempli les formalités prescrites pour purger les hypothèques légales. Un certificat délivré par le conservateur des hypothèques de Montélimar, le 3 mai 1888, constate qu'il n'est survenu pendant l'accomplissement des dites formalités aucune inscription pour cause d'hypothèque légale.

Suivant quittance passée devant M⁰ Bund, notaire à Grignan, le 3 janvier 1889, M. Giraud s'est libéré de la totalité de son prix d'acquisition.

M. Petit était lui-même propriétaire dudit terrain, comme l'ayant recueilli dans la succession de son père, Louis-Jean Petit, décédé intestat à Montélimar, le 5 mai 1882, dont il était le seul et unique héritier, ainsi qu'il résulte d'un acte de notariété dressé par M⁰ Bund, notaire à Montélimar, le 11 juin 1882.

M. Louis-Jean Petit était lui-même propriétaire...... *(continuer ainsi en remontant pendant trente ans au moins)*.

Au moyen de la vente qui lui est présentement faite, M. Périnet sera propriétaire du terrain vendu à partir de ce jour, mais il ne pourra s'en mettre en possession qu'après l'enlèvement de la récolte pendante.

M. Giraud déclare que l'immeuble vendu n'est pas loué.

La présente vente est faite sous les charges et conditions suivantes que l'acquéreur s'oblige à exécuter et accomplir:

1° De prendre l'immeuble vendu dans son état actuel sans pouvoir prétendre à aucune indemnité ni diminution de prix pour raison de grosse ou menue réparation qui pourraient être à faire aux constructions existantes, comme aussi sans garantie de la contenance susindiquée dont la diffé-

rence en plus ou en moins excèda-t-elle un vingtième fera
la perte ou le profit de l'acquéreur ;

2° De supporter les servitudes passives, apparentes ou
occultes, continues ou discontinues pouvant grever l'immeuble vendu, sauf à s'en défendre et à profiter en retour de celles
actives, s'il en existe, le tout à ses risques et périls et sans
recours contre le vendeur ;

3° D'exécuter l'engagement contracté par M. Giraud, vendeur, pour assurance de la dite construction contre l'incendie,
avec la Compagnie le *Monde*, Compagnie d'Assurance contre
l'Incendie établie à Paris, suivant police en date à Montélimar,
du 7 octobre 1890, sous le n° 114371 pour une durée de dix ans, à
dater du 8 octobre 1890, pour une somme de cinq mille francs
et moyennant une prime annuelle de 3 fr. 60, de continuer la
dite assurance et de payer, à compter du jour de l'entrée en
jouissance, les primes ou cotisations annuelles de manière à
ce que le vendeur ne soit inquiété ni recherché à cet égard ;

4° D'acquitter tous impôts, taxes et contributions, assis ou
à asseoir sur les immeubles vendus, à compter du jour de
l'entrée en jouissance ;

5° Enfin, de payer tous les frais et droits auxquels les présentes donneront lieu.

En outre, la présente vente est consentie et acceptée moyennant le prix principal de sept mille francs, que M. Périnet a
payé à l'instant même en numéraire et billets de la Banque
de France, acceptés comme tel, le tout compté et délivré à
M. Giraud, vendeur, qui le reconnaît et lui en fournit quittance définitive.

L'acquéreur fera transcrire incessamment une expédition
du présent contrat au bureau des hypothèques de Montélimar,
et fera également remplir, s'il le juge convenable, les formalités nécessaires pour la purge des hypothèques légales, le
tout à ses frais.

Et si, lors de l'accomplissement de ces formalités, il y a
ou survient du chef du vendeur ou de ses auteurs, des inscriptions, le vendeur sera tenu d'en rapporter main levée et
certificat de radiation à l'acquéreur dans le mois de la
dénonciation qui lui en sera faite en son domicile ci-après
élu.

M. Giraud, déclare sous serment :

Qu'il est célibataire,

Qu'il n'est pas, et n'a jamais été tuteur de mineur ni
d'interdit, ni comptable de deniers publics.

Et que les immeubles vendus sont francs et libres de toute hypothèque.

Le vendeur a remis à l'acquéreur l'expédition en forme de la vente à lui consentie par M. Petit, et de la quittance du prix de cette vente, etc., et une liasse de titres anciens.

Pour la perception des droits d'enregistrement, les parties évaluent à trois cents francs la perte de jouissance éprouvée par l'acquéreur.

Pour l'entière exécution des présentes, les parties élisent domicile en leurs demeures respectives.

Fait double (1) à Grignan, le 1er juin 1892.

Signatures,

NOTA. — Cet acte doit être enregistré, *au plus tard,* le 1er septembre 1892 *(voir n° 4)* ; et il donnera lieu à la perception d'un droit de 5,50 p. 0/0 *(voir n° 45-2)* sur la somme de 7300 francs, formée de la réunion du prix de la vente, 7000 francs, et des charges, 300 francs *(voir n° 38-6)* plus un quart en sus *(voir n° 46),* pour les décimes.

51. — *Vente d'un Fonds de Commerce*

Entre les soussignés :

M. Louis Amiot, limonadier à Prades, rue de Saillagouse, 4,

d'une part ;

Et M. Jean Bertagna, sans profession, à Prats de Mollo,

d'autre part :

Il a été convenu et arrêté ce qui suit :

M. Amiot vend à M. Bertagna, ici présent et acceptant, avec garantie de tous troubles, évictions et autres empêchements,

Le fonds de commerce de limonadier, ayant pour enseigne *Café du Progrès,* qu'il exploite en sa demeure susindiquée.

Ensemble l'achalandage et la clientèle y attachés, les tables-comptoir, glaces et meubles de toutes natures en dépendant, et toutes les marchandises décrites et estimées ci dessous article par article.

Ainsi que le tout s'étend, poursuit et comporte sans aucune exception.

M. Bertagna, entrera en possession du dit fonds à partir de ce jour.

La présente vente est faite à la charge de M. Bertagna :

---

(1). Les actes sous signatures privées ne sont valables qu'autant qu'ils ont été faits en autant d'originaux qu'il y a de parties ayant un intérêt distinct *(Art. 1325 du Code Civil)*

1° De prendre le dit fonds dans l'état où il se trouve actuellement ;

2° D'acquitter, à compter de ce jour, les contributions et les taxes de toutes natures auxquelles sont tenus les limonadiers ;

3° De payer les frais des présentes.

Cette vente a eu lieu moyennant le prix de douze mille francs, qui a été payé à l'instant même à M. Amiot, qui le reconnaît et en donne quittance entière et définitive ; ce prix est applicable pour dix mille francs, au fonds de commerce et pour deux mille francs aux marchandises ci-après :

Bière, *deux cents francs*, ci......	200 fr.
Absinthe, *trois cent cinquante francs*, ci.......	350
Vermouth, *soixante-dix francs*, ci............	70
Bitter, *deux cent cinquante francs*, ci	250
Café, *quatre-vingts francs*, ci..............	80
Sucre, *trois cents francs*, ci..................	300
Alcool, *sept cent cinquante francs*, ci..........	750

Total égal, *deux mille francs*, ci.... 2.000 fr.

Il est expressément convenu que M. Amiot n'aura pas le droit de céder ou d'acheter un commerce de même nature que celui faisant l'objet des présentes dans la ville de Prades, sous peine de dix mille francs de dommages-intérêts au profit de M. Bertagna.

Les parties élisent domicile, pour l'exécution des présentes, en leurs demeures respectives.

Fait double à Prades, le 3 janvier 1893.

Signatures,

NOTA. — Cet acte doit être enregistré, *au plus tard*, le 3 avril 1893 (*voir n° 8*) ; et il donnera lieu à la perception d'un droit de 2 p. 100 (*voir n° 45-1°*) sur la somme de dix mille francs, prix de la vente de l'achalandage et des objets mobiliers servant à l'application du fonds (*voir n° 37*), et d'un droit de 0,50 p. 100 sur la somme de deux mille francs, prix des marchandises neuves qui ont fait l'objet d'une estimation article par article (*voir n° 41 et 45-1°*), plus un quart en sus. (*Voir n° 46*) pour les décimes.

52. — *Echange avec Soulte*

Entre les soussignés

M. Henri-Germain LACADE, propriétaire à Guiscard (Oise),   d'une part ;

Et M. Pierre-Théodore-Louis VERMIN, propriétaire au même lieu,   d'autre part ;

il a été convenu et arrêté ce qui suit :

M. LACADE cède et abandonne, à titre d'échange, à M. VERMIN, qui accepte :

Un terrain en nature de culture de deux hectares, trente-sept ares, cinquante-trois centiares, situé à Guiscard, lieu dit le bois *(désigner l'objet cédé et en établir l'origine de propriété pendant au moins trente ans comme il a été fait pour la vente d'immeubles, n° 50 ci-devant).*

En contre échange, M. VERMIN, cède et abandonne à M. LACADE qui accepte :

Un terrain en nature de bois et broussailles, d'une contenance de treize hectares, dix-huit ares environ, situé ... *(désigner l'objet cédé et en établir l'origine de propriété comme il a été dit ci-dessus).*

Au moyen de cet échange, MM. LACADE et VERMIN pourront jouir et disposer comme bon leur semblera, à compter de ce jour, des immeubles qu'ils viennent respectivement de se céder en échange.

Les parties paieront les impositions auxquelles sont assujettis les objets à elle cédés, à compter de ce jour.

Cet échange est fait moyennant une soulte de vingt mille francs de la part de M. LACADE à M. VERMIN ; en déduction desquels vingt mille francs, M. LACADE a présentement payé en espèces d'or, à M. VERMIN qui le reconnaît, la somme de cinq mille francs.

Et à l'égard des quinze mille francs de surplus, M. LACADE promet et s'oblige de les payer à M. VERMIN, en sa demeure sus indiquée, dans cinq ans de ce jour, et de lui en servir les intérêts au taux de quatre pour cent par an, par trimestres échus à compter de ce jour, sans aucune retenue.

A la sûreté de ces quinze mille francs et des intérêts dont ils sont productifs, l'immeuble cédé à M. LACADE demeure obligé et hypothéqué par privilège réservé par M. VERMIN.

Les parties rempliront, si bon leur semble, chacune en ce qui la concerne, et à leurs frais, les formalités nécessaires pour purger les privilèges et hypothèques dont les immeubles désignés ci-dessus peuvent être grevés. Si ces formalités révèlent l'existence d'inscriptions hypothécaires, l'échangiste du chef duquel elles proviendront, sera obligé d'en rapporter à l'autre les mainlevées et certificats de radiation dans le mois de la dénonciation qui lui en sera faite au domicile ci-après élu.

Les échangistes déclarent, chacun en ce qui le concerne, savoir :

M. LACADE, qu'il est veuf sans enfant, de Marie-Louise Durand, décédée à Guiscard, le 3 mai 1887, en l'état d'un testament reçu par Mᵉ Bovet, notaire à Guiscard, le 30 avril 1887, aux termes duquel elle l'a institué pour son seul et unique héritier, en l'absence d'héritier à réserve ;

Qu'il n'est et n'a jamais été tuteur de mineur ni d'interdit ni comptable de deniers publics,

et que l'immeuble par lui cédé en échange est franc es libre de toute hypothèque.

M. VERMIN, qu'il est célibataire,

Qu'il n'est et n'a jamais été tuteur de mineur ni d'interdit ni comptable de deniers publics,

et que l'immeuble par lui cédé à M. LACADE est franc et libre de toute hypothèque.

Pour la perception des droits d'enregistrement, les parties déclarent que les immeubles qui font l'objet du présent échange sont du revenu annuel, savoir: celui cédé par M. LACADE, de mille francs, et celui cédé par M. VERMIN, de dix-huit cents francs.

Les parties reconnaissent qu'elles se sont mutuellement remis les titres d'origine de propriété relatés ci-dessus.

Pour l'exécution des présentes, les parties font élection de domicile en leur demeures respectives.

Fait double à Guiscard, le 11 mai 1893.

Signatures,

NOTA. — Cet acte doit être enregistré, *au plus tard*, le 11 août 1893 (*voir n·* 4) ; et il donnera lieu à la perception d'un droit de 3,50 p. 100 (*voir n·* 45-5·) sur la somme de 25,000 fr. obtenue en multipliant par 25, attendu qu'il s'agit d'un immeuble rural (*voir n·* 38-4·) le plus petit des deux revenus, et d'un droit de 5,50 p. 100 (*voir n·* 45-8·) sur la soulte de 20,000 fr. plus un quart en sus (*voir n·* 46) pour les décimes.

---

53. — *Partage avec Soulte*

Les soussignés

1· M. Jean-Paul Bernard, cultivateur à Montfrin (Gard) ;

2· M. Louis-Jacques Bernard, pâtissier à Nîmes ;

Agissant comme seuls héritiers, à raison de moitié chacun, de M. Joseph-Pierre Lureau, leur oncle maternel, décédé à Nîmes, le 25 janvier 1893, en l'état d'un testament reçu par M⁴ Degors, notaire à Nîmes, le 7 mai 1892, par lequel il les institue pour ses seuls héritiers, ainsi que le tout est constaté dans un acte de notoriété dressé par M⁴ Degors susnommé, le 8 avril 1893,

Ont, par ces présentes, procédé amiablement entre eux au partage de l'immeuble ci-après désigné, dépendant de la suc cession de leur dit oncle, de la manière suivante :

DÉSIGNATION DE L'IMMEUBLE

L'immeuble à partager consiste en un domaine composé de maison de campagne, jardin potager de vingt-huit ares environ, verger de deux hectares environ et vignoble de treize hectares en plein rapport, situé commune de Montfrin, et estimé soixante-dix mille francs.

M. Lureau, possédait cet immeuble pour l'avoir acheté de M. Henri-Etienne Dumas, propriétaire à Monfrin, pour la somme de cinquante-cinq mille francs, aux termes d'un acte sous signatures privées indiqué fait double à Montfrin, le 22 mai 1883, et enregistré à Montfrin, le 11 juin 1883, fol. 14 case 17, aux droits de 3,781 fr. 25, décimes compris.

FORMATION DES LOTS

Les parties ont, d'un commun accord, composé en la manière suivante, les lots des biens à partager :

PREMIER LOT

Le premier lot est composé :

1· De la moitié au Nord de la maison de campagne ;

2· Du jardin potager ;

3· Du verger ;

Et 4· d'une soulte de cinq mille francs à recevoir de l'attributaire du deuxième lot.

DEUXIÈME LOT

Le deuxième lot est composé :

1· De la moitié au Sud de la maison de campagne ;

Et 2· de la totalité des vignes,

mais à charge par l'attributaire de ce lot de payer une soulte de cinq mille francs à l'attributaire du premier lot.

ENTRÉ EN JOUISSANCE

Les parties entreront immédiatement en jouissance des lots qui leur seront respectivement attribués.

TIRAGE AU SORT

Les lots ayant été ainsi composés, les parties les ont tirés au sort ; par ce tirage, le premier lot est échu à M. Jean-Paul Bernard et le deuxième lot est échu à M. Louis-Jacques Bernard. — Et chacune des parties a déclaré accepter le lot qui venait de lui échoir, et faire à l'autre partie l'abandon du lot qui lui est échu, le tout sous la garantie ordinaire entre copartageants.

PAYEMENT DE LA SOULTE

La soulte de cinq mille francs, dont M. Louis-Jacques Bernard, comme attributaire du deuxième lot, est débiteur envers M. Jean-Paul Bernard, attributaire du premier lot, sera payée par lui, en la demeure de ce dernier, à Montfrin, dans un an de ce jour, avec intérêts à 5 p. 100 par an, payables en même temps que le capital.

SUR LES TITRES

Les titres de propriété resteront en la possession de M. Jean-Paul Bernard, qui devra les remettre à son copartageant toutes les fois que besoin sera et sur simple récépissé de ce dernier.

Fait double à Montfrin, le 2 mai 1893.

Signatures,

NOTA. — Cet acte de partage doit être enregistré, *au plus tard* (1), le 2 août 1893, et il donnera lieu à la perception d'un droit de 4 p. 0/0 (*voir n° 45-4° a*) sur la soulte de 5000 fr., et d'un droit de 0,15 p. 0/0 (*voir note du n° 45-4°*) sur la somme de 65000 fr., plus un quart en sus (*voir n° 46*) pour les décimes.

---

54. — *Bail d'Immeubles*

Entre les soussignés :

M. Mohamed ben Mouloud ou Brahim, propriétaire à Bou-Noua, douar des Beni-Smaïl, commune mixte de Dra-el-Mizan, département d'Alger,   d'une part ;

---

(1) Nous avons indiqué autre part (*voir note du n° 45-4°*) que, si un partage sous signatures privées était fait *sans soulte*, il n'était pas astreint à l'enregistrement dans un délai déterminé.

Et M Léon-Pierre Tauran, cultivateur à Dra-el-Mizan,
d'autre part ;

Il a été convenu et arrêté ce qui suit :

M. Mohamed ben Miloud ou Brahim, donne à titre de bail à
ferme pour quinze années entières et consécutives qui com-
menceront à courir à compter du 1er octobre prochain, à
M. Tauran, qui accepte :

Un terrain de dix hectares, situé à Boghni, commune mixte
de Dra-el-Mizan, en nature de broussailles, que le preneur
déclare bien connaître, pour l'avoir visité en vue des
présentes.

Le présent bail est fait aux clauses et conditions suivantes,
que le preneur s'oblige d'exécuter et d'accomplir sans prétendre à aucune diminution du fermage ci-après stipulé :

1· De défoncer le terrain à 0m35 centimètres, et de le planter
en vignes à son choix, à raison d'au moins un quart par
année, de manière à ce que le 1er octobre 1897 au plus tard
il soit planté en totalité ;

2· De labourer et fumer de manière à ne pas épuiser la
vigne ;

3° De cultiver la vigne, une fois qu'elle aura été plantée,
suivant l'usage du pays, la provigner et replanter de nouveaux
pieds à la place de ceux qui viendraient à périr ;

4· De veiller à ce qu'il ne soit fait aucune usurpation ou
empiètement sur le terrain présentement loué, et d'avertir sur
le champ, le bailleur, de tous ceux qui pourraient y être faits,
ainsi que de tous les dégâts qui pourraient y être commis, à
peine d'en être responsable en son propre et privé nom ;

5· De ne pouvoir demander, ni prétendre aucune diminution du prix et des charges du présent bail, pour cause de
grêle, gelée, inondation, stérilité, sirocco, sauterelles ou autres
cas prévus ou imprévus ; à laquelle diminution le preneur
renonce dès à présent ;

6· De rendre le dit terrain au bailleur, à l'expiration du
bail, en bon état de culture et d'entretien ;

7· Et de payer tous les frais auxquelles les présentes donneront lieu.

Ce bail est fait en outre moyennant un loyer payable par
année échue et établi comme suit :

Pour les cinq premières années, dix francs par hectare et
par an ; pour les cinq années suivantes, cinquante francs par

hectare et par an, et pour les cinq dernières années, cent cinquante francs par hectare et par an.

Fait double à Dra-el-Mizan, le 11 février 1893.

Signatures,

NOTA. — Cet acte doit être enregistré, *au plus tard,* le 11 mai 1893 (*voir n· 4*), mais il ne pourra recevoir la formalité de l'enregistrement qu'autant que, dans une annotation mise en marge, les parties auront évalué (*voir n· 39*) la charge imposée au preneur de planter le terrain en vigne ; cette évaluation doit être redigée comme suit : *Pour la perception des droits d'enregistrement, les parties évaluent à cinq cents francs par hectare, la charge de planter en vigne imposée au preneur, soit cinq mille francs pour les dix hectares. Signature.* Cet acte donnera alors lieu, à la perception d'un droit de 0,10 p. 0/0 (*voir n· 45-9·· et la note du n· 45*), liquidé sur le prix cumulé de toutes les années du bail, augmenté des charges imposées au preneur, soit sur 7100 fr. (*voir n° 38-1*), plus un dixième en sus *(voir note du n° 46)* pour le décime.

§ *XI. — Modèles de pétitions* (1)

55. — Demande en remise d'un droit en sus encouru pour n'avoir pas fait enregistrer en temps utile un acte de vente d'immeubles

Grignan, le 22 novembre 1892.

A Monsieur le Directeur Général de l'Enregistrement, des Domaines et du Timbre, à Paris.

Monsieur le Directeur Général,

J'ai l'honneur de solliciter de votre bienveillance, la remise à titre gracieux du droit en sus que j'ai encouru pour avoir négligé de soumettre dans les trois mois de sa date à la formalité de l'enregistrement un acte, en date du 1re juin 1892,

---

(1) Les pétitions doivent être écrites sur papier timbré, de dimension (*art. 12 de la loi du 13 brumaire an VII*) et adressées à *Monsieur le Directeur Général de l'Enregistrement, des Domaines et du Timbre, à Paris;* elles doivent être remises au receveur de l'Enregistrement du bureau d'où émane la réclamation.

aux termes duquel j'ai acquis de M. Giraud moyennant un prix de 7000 francs, un terrain situé à Grignan.

Je viens d'être très-gravement malade et suis resté plus de cinq mois sans pouvoir m'occuper de mes affaires ; c'est par suite de cette circonstance absolument imprévue que j'ai encouru cette pénalité.

J'ose espérer que vous voudrez bien prendre ma demande en considération et, dans cet espoir, j'ai l'honneur de vous prier d'agréer, Monsieur le Directeur général, avec mes remerciements anticipés, l'hommage de mes sentiments respectueux.

Signature et adresse,

---

56. — Demande en remise d'un droit en sus encouru pour n'avoir pas fait enregistrer en temps utile un acte de vente de fonds de commerce

---

Prades, le 11 mai 1893.

A Monsieur le Directeur général de l'Enregistrement, des Domaines et du Timbre, à Paris.

Monsieur le Directeur général,

J'ai l'honneur de venir solliciter de votre bienveillance la remise gracieuse du droit en sus d'enregistrement que j'ai encouru dans les circonstances suivantes :

Par un acte en date du 3 janvier dernier, j'ai vendu à M. Bertagna, au prix de 12,000 francs, le fonds du *Café du Progrès* établi à Prades, rue de Saillagouse, 14 ; M. Bertagna s'étant engagé à faire enregistrer notre convention, je ne m'en étais plus occupé, ayant en lui une entière confiance. Aussi, ai-je été tout surpris lorsque j'ai été invité à acquitter dans la huitaine le droit en sus mis par la loi à ma charge.

Je ne doute pas que, prenant en considération ma bonne foi en la circonstance, vous m'accorderez la remise que je sollicite.

Veuillez agréer, Monsieur le Directeur général, l'assurance de mes sentiments très-respectueux,

Signature et adresse,

**57. — *Demande en remise d'un droit en sus encouru pour
n'avoir pas fait enregistrer dans les trois mois
de sa date un contrat d'échange ou de partage avec soulte***

............, le .... 189 .

A Monsieur le Directeur général de l'Enregistrement,
des Domaines et du Timbre, à Paris.

Monsieur le Directeur général,

J'ai l'honneur de vous prier de vouloir bien m'exonérer du
paiement du droit en sus qui vient de m'être réclamé par M.
le receveur de l'enrégistrement de .... pour avoir
négligé de faire enregistrer dans les délais légaux un acte en
date du .... aux termes duquel j'ai (*mettre suivant le cas*) échangé avec M. ...., des immeubles situés sur le territoire de la commune de .... OU
BIEN, partagé avec M. .... un immeuble situé
à ...., ledit acte contenant une stipulation de
soulte en ma faveur.

J'avais bien l'intention de faire enregistrer ce contrat,
mais, par suite d'un concours de circonstances absolument
imprévues, il s'était égaré dans une liasse d'autres papiers et
j'en avais complètement perdu le souvenir; c'est l'avertissement ci-joint que j'ai reçu hier seulement qui me l'a rappelé.

J'ose croire que vous voudrez bien prendre en considération
ma bonne foi et l'empressement que j'apporte à répondre à la
réclamation qui m'est adressée et m'accorder la remise du
droit en sus que j'ai encouru.

Dans cet espoir j'ai l'honneur de vous prier d'agréer, Monsieur le Directeur général, l'assurance de mes sentiments les
plus respectueux,

Signature et adresse,

**58. — *Demande en remise d'un droit en sus
encouru pour avoir négligé de faire enregistrer dans les
délais un bail d'immeubles***

Dra-el-Mizan, le 17 juin 1893.

A Monsieur le Directeur général de l'Enregistrement,
des Domaines et du Timbre, à Paris.

Monsieur le Directeur général,
J'ai l'honneur de vous exposer ce qui suit :
Par un acte sous signatures privées, en date à Dra-el-

Mizan du 11 février dernier, j'ai loué à M. Tauran, un ter
rain de dix hectares pour une durée de quinze années et à
charge par le preneur de le planter en vigne. J'ignore pour
quel motif M. Tauran, ainsi qu'il s'y était formellement
engagé, a négligé de faire enregistrer ce bail. Actuellement
le receveur de l'enregistrement de Dra-el-Mizan me réclame
un droit en sus de 55 francs.

Je vous serais très reconnaissant si vous vouliez bien m'accorder la remise de ce droit en sus que j'ai encouru bien
involontairement, et dans cet espoir, je vous prie d'agréer,
Monsieur le Directeur Général, mes remerciements les plus
sincères et l'hommage de mon profond respect.

Signature et adresse,

---

59. — *Demande en remise*
*d'un droit en sus encouru pour n'avoir pas déclaré dans les
délais une mutation verbale de fonds de commerce*

A Monsienr le Directeur général de l'Enregistrement,
des Domaines et du Timbre, à Paris.

Monsieur le Directeur général,

J'ai l'honneur de vous prier de vouloir bien m'accorder la
remise du droit en sus qui m'est réclamé par l'avis ci-joint
pour n'avoir pas déclaré dans les trois mois de sa date une
mutation verbale d'un fonds de commerce de menuiserie qui
est intervenue le 1er octobre 1892 entre M. UNTEL et moi au
prix de 2,000 francs.

J'ignorais absolument que j'étais obligé, aucun acte écrit
n'ayant été établi, de faire une déclaration au bureau de l'enregistrement et mon ignorance est la seule cause de la faute
que j'ai commise.

J'ose espérer que vous voudrez bien considérer ma bonne foi
en cette circonstance et m'accorder la remise gracieuse du
droit en sus dont il s'agit.

Veuillez agréer, Monsieur le Directeur général, l'hommage
de ma respectueuse considération.

Signature et adresse,

---

60. — *Demande en remise d'un droit en sus encouru pour n'avoir pas déclaré dans les délais une location verbale d'immeubles*

Versailles, le 3 mars 1893.

A Monsieur le Directeur général de l'Enregistrement, des Domaines et du Timbre, à Paris.

Monsieur le Directeur général,

J'ai l'honneur de vous faire connaître que j'ai oublié de déclarer dans les trois mois de sa date une location que j'ai consentie verbalement à M. ...., d'une maison située à Versailles, rue du Musée, 4, au prix annuel de 2,400 francs, et que j'ai, par suite, encouru un droit en sus de 62 fr. 50 qui vient de m'être réclamé par l'avertissement ci-joint.

La contravention que j'ai commise provenant uniquement d'un oubli involontaire de ma part, j'ose espérer que vous voudrez bien m'accorder la remise entière de la somme de 62 fr. 50 qui m'est réclamée et, dans cet espoir, je vous prie d'agréer, Monsieur le Directeur général, l'assurance de mes sentiments les plus respectueux,

Signature et adresse,

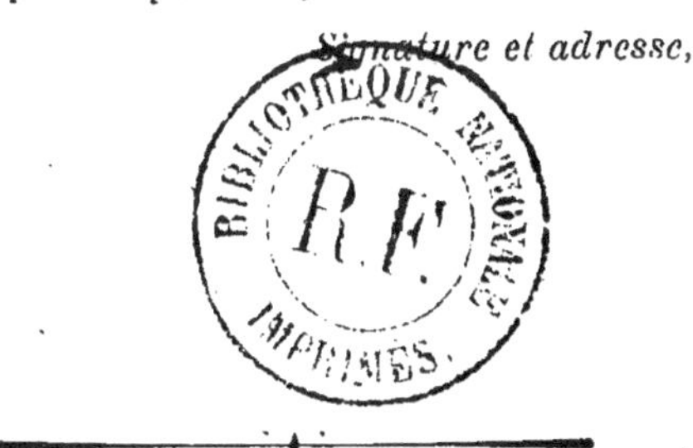

TABLE DES MATIÈRES

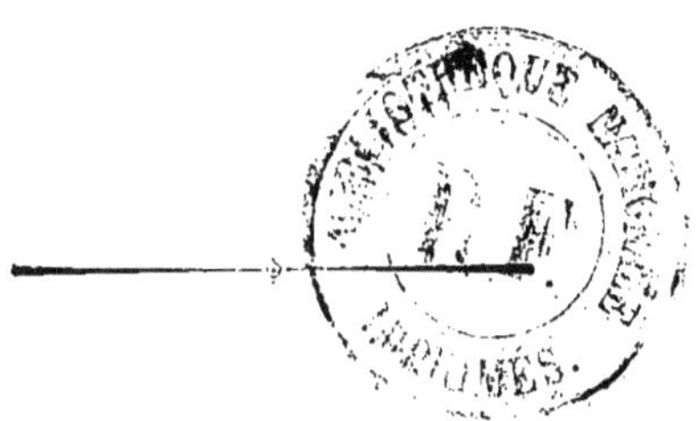

Imprimerie FRANCK & SOLAL
12 bis, Rue Bruce
ALGER

www.ingramcontent.com/pod-product-compliance
Lightning Source LLC
LaVergne TN
LVHW012104030726
842523LV00002B/710